Dedicado por: El Gran amor queridas

A: my madre Socorro

De: Isabel su hija

Promesas Tiernas de Dios para las Madres

Betania es un sello de Editorial Caribe, Inc.

© 2002 Editorial Caribe, Inc.
Una división de Thomas Nelson, Inc.
Nashville, TN-Miami, FL, EE.UU.
www.caribebetania.com

Título en inglés: God's Tender Promises for Mothers
© 2000 por J. Countryman
Publicado por J. Countryman, una división de Thomas Nelson, Inc.

A menos que se señale lo contrario, todas las citas bíblicas
son tomadas de la Versión Reina-Valera 1960
© 1960 Sociedades Bíblicas Unidas en América Latina.
Usadas con permiso.

Traductor: Rubén De Peña Márquez

ISBN: 0-88113-646-8

Promesas Tiernas de Dios para las Madres

BETANIA

Un Sello de Editorial Caribe

*D*ios es realmente sorprendente. Él escoge sentarse con nosotras en la cocina de la vida en vez de en la sala, porque quiere conocernos desde adentro hacia afuera.

· · · · ❧ · · · ·

El Hijo del Hombre vino a buscar y a salvar lo que se había perdido.
LUCAS 19.10

$\mathcal{S}$al de tu escondite. Dios ha alejado
los monstruos de pesadilla de
los armarios de tu vida.

· · · · · ❧ · · · ·

*Jehová es mi luz y mi salvación; ¿de quién temeré? Jehová es la fortaleza
de mi vida; ¿de quién he de atemorizarme?*
SALMO 27.1

*U*na manzana siempre será manzana y nunca naranja. Solo a ti, madre —criatura especial de Dios— se te ha dado la oportunidad de transmutar tu alma.

· · · · · ❧ · · · ·

De tal manera amó Dios al mundo, que ha dado a su Hijo unigénito, para que todo aquel que en él cree, no se pierda, mas tenga vida eterna.
JUAN 3.16

$\mathcal{E}$l sudor humano jamás ha creado un arco iris. Si lo analizas seriamente, de nada te sirve tratar de impresionar a Dios.

. . . . . ❧ . . . .

Por gracia sois salvos por medio de la fe; y esto no de vosotros, pues es don de Dios; no por obras, para que nadie se gloríe.
EFESIOS 2.8-9

*D*ios significa mucho para ti, madre: un
Padre amoroso, Alguien que cree en ti
más de lo que crees en ti misma,
el Dador de la vida eterna.

• • • • ⚮ • • • •

De cierto, de cierto os digo: El que cree en mí, tiene vida eterna.
Juan 6.47

*L*as madres saben este secreto: lo que se da con liberalidad a los demás, se vuelve a recibir en mayor escala.

¡Es una norma del reino de Dios!

• • • • • ❧ • • • • •

Dad, y se os dará; medida buena, apretada, remecida y rebosando darán en vuestro regazo; porque con la misma medida con que medís, os volverán a medir.

LUCAS 6.38

Mi madre siempre decía que hasta un niñito puede alcanzar y asirse de la mano amorosa de Dios.

• • • • • ❧ • • • •

Yo amo a los que me aman, y me hallan los que temprano me buscan.
PROVERBIOS 8.17

El estar comprometida con Dios significa creer que Él es lo que Él dice que es, y actuar con esa fe a medida que te esfuerzas en ser una madre temerosa de Dios.

· · · · ❧ · · · ·

Todo aquel que confiese que Jesús es el Hijo de Dios, Dios permanece en él, y él en Dios.
1 JUAN 4.15

Madre, no tienes que conformarte con harapos cuando Dios promete darte vestidos nuevos.

• • • • ❧ • • • •

Si alguno está en Cristo, nueva criatura es; las cosas viejas pasaron; he aquí todas son hechas nuevas.

2 CORINTIOS 5.17

Mamá nos enseñó que nuestro Padre celestial ve lo mismo las transgresiones en las sombras que en la cima de la montaña. La buena noticia es que perdona ambas por igual.

• • • • ❧ • • • •

Si confesamos nuestros pecados, él es fiel y justo para perdonar nuestros pecados, y limpiarnos de toda maldad.
1 JUAN 1.9

$\mathcal{D}$ios nunca se acuerda de un pecado confesado. Pon tus pecados detrás… a Dios al frente.

· · · · ❧ · · · ·

Yo, yo soy el que borro tus rebeliones por amor de mí mismo,
y no me acordaré de tus pecados.
ISAÍAS 43.25

La verdad de Dios puede quebrar las cadenas que atan a la persona más desesperada. Nos libera de todo lo que nos aprisiona.

· · · · ❧ · · · ·

Y conoceréis la verdad, y la verdad os hará libres.
JUAN 8.32

Cristo convierte una migaja de pan en un banquete; con Él la simple existencia se convierte en vida eterna.

· · · · ∽ · · · ·

El que oye mi palabra, y cree al que me envió, tiene vida eterna; y no vendrá a condenación, mas ha pasado de muerte a vida.
Juan 5.24

Madre, quiero que sepas que Jesús es la contraseña que te da acceso a una vida mejor.

• • • • • ❧ • • • •

El que creyere y fuere bautizado, será salvo; mas el que no creyere, será condenado.
MARCOS 16.16

$\mathscr{S}$olo valoras a Jesús verdaderamente cuando
lo valoras por sobre todas las cosas.

· · · · ❧ · · · ·

Pero si andamos en luz, como él está en luz, tenemos comunión unos con
otros, y la sangre de Jesucristo su Hijo nos limpia de todo pecado.
1 JUAN 1.7

Gracias, madre, por enseñarme a confiar
que los ojos de Dios, que todo lo abarcan,
estarán velando para ayudarme en cada
sendero de mi vida.

· · · · ❧ · · · ·

*Los ojos de Jehová contemplan toda la tierra, para mostrar su poder a
favor de los que tienen corazón perfecto para con él.*
2 Crónicas 16.9

No te olvides, madre, que nunca eres un simple número para Dios. Con Él siempre encabezas la fila.

. . . . . ❧ . . . .

El Rey dirá a los de su derecha: Venid, benditos de mi Padre, heredad el reino preparado para vosotros desde la fundación del mundo.
MATEO 25.34

A todas las madres ocupadas: Dios quiere ser tu primera opción, no tu último recurso.

· · · · ❧ · · · ·

Todo lo que el Padre me da, vendrá a mí; y al que a mí viene, no le echo fuera.
JUAN 6.37

$\mathcal{U}$na gota de rocío ejecuta la voluntad de Dios con la misma fuerza de una tronada. A Dios le importa poco el tamaño; pero se interesa en gran manera en el servicio.

• • • • ❧ • • • •

Los montes se moverán, y los collados temblarán, pero no se apartará de ti mi misericordia, ni el pacto de mi paz se quebrantará, dijo Jehová, el que tiene misericordia de ti.
ISAÍAS 54.10

El árbol de raíces profundas soporta el huracán. Profundiza tus raíces en la Palabra de Dios para que puedas soportar las tormentas de la vida.

· · · · ❧ · · · ·

Toda la Escritura es inspirada por Dios, y útil para enseñar, para redargüir, para corregir, para instruir en justicia...
2 TIMOTEO 3.16

$\mathcal{E}$l susurro de Dios se puede escuchar más allá de las estrellas y en la profundidad de los mares. Pero escucha, madre, y oirás el eco de Su voz en tu corazón.

· · · · · ℘ · · · ·

Me invocaréis, y vendréis y oraréis a mí, y yo os oiré;
y me buscaréis y me hallaréis, porque
me buscaréis de todo vuestro corazón.
JEREMÍAS 29.12-13

La fe es un curso de laboratorio, no una conferencia. Practica lo que dice la Biblia y observa a Dios actuar en tus esfuerzos de ser una madre piadosa.

. . . . . ❧ . . . .

La palabra de Dios es viva y eficaz, y más cortante que toda espada de dos filos; y penetra hasta partir el alma y el espíritu, las coyunturas y los tuétanos, y discierne los pensamientos y las intenciones del corazón.
HEBREOS 4.12

En un mundo donde impera la fanfarronería y la componenda, la Palabra de Dios es un oasis de cordura y gozo para las madres.

· · · · ❧ · · ·

Toda palabra de Dios es limpia; Él es escudo a los que en él esperan.
PROVERBIOS 30.5

*P*ara encontrar la verdadera seguridad, acepta la paz de Dios. Para experimentar la máxima libertad, acepta Su misericordia y amor.

· · · · · ❧ · · · ·

El cielo y la tierra pasarán, pero mis palabras no pasarán.
MARCOS 13.31

*L*as únicas muletas que aparecen en la carretera del Rey son las que la gente tira por el camino. Madre, hoy puedes caminar apoyándote en la integridad de Dios.

• • • • ❧ • • • •

Por Jehová son ordenados los pasos del hombre, Y él aprueba su camino.
SALMO 37.24

En un mundo donde guías ciegos conducen al desprevenido a la ineficacia, Dios promete dar visión y sagacidad a los padres para guiar a sus familias.

· · · · · ❧ · · · ·

Te haré entender, y te enseñaré el camino
en que debes andar; sobre ti fijaré mis ojos.
SALMO 32.8

26

$\mathcal{G}$racias por enseñarme, madre, que la vida con Dios equivale a esperanza sin fin. Sin Él es un fin sin esperanza.

. . . . . ❧ . . . .

Vosotros sois linaje escogido, real sacerdocio, nación santa,
pueblo adquirido por Dios...
1 PEDRO 2.9

*S*i andas buscando dirección, madre, busca el

rostro de Dios. Si quieres vida abundante,

obedece Sus palabras.

· · · · · ❧ · · · ·

Hijo mío, está atento a mis palabras; Inclina tu oído a mis razones.
No se aparten de tus ojos; Guárdalas en medio de tu corazón;
Porque son vida a los que las hallan, y medicina a todo su cuerpo.
PROVERBIOS 4.20-22

¡Buenas noticias, mamá! Con Dios, tu línea de crédito es ilimitada.

· · · · ❧ · · · ·

Mi Dios, pues, suplirá todo lo que os falta conforme a
sus riquezas en gloria en Cristo Jesús.
FILIPENSES 4.19

$\mathcal{L}$a fe provee una almohada blanda para las agobiantes preocupaciones, sobre todo para las madres. Pon tus inquietudes en las manos de Dios.

Si permanecéis en mí, y mis palabras permanecen en vosotros, pedid todo lo que queréis, y os será hecho. En esto es glorificado mi Padre, en que llevéis mucho fruto, y seáis así mis discípulos.
JUAN 15.7

*L*a corona que tendrás en el cielo algún día,
se está diseñando en la tierra en este momento.

Tu corona será hermosa, madre.

. . . . ❧ . . . .

Bendice, alma mía, a Jehová, y no olvides ninguno de sus beneficios.
Él es quien perdona todas tus iniquidades,
el que sana todas tus dolencias;
El que rescata del hoyo tu vida,
el que te corona de favores y misericordias.
SALMO 103.2-4

*L*as madres saben bien que uno siempre se
halla a uno mismo cuando se pierde en la vida de
los demás.

· · · · ❧ · · · ·

*Y poderoso es Dios para hacer que abunde en vosotros toda gracia, a fin de
que, teniendo siempre en todas las cosas todo lo suficiente, abundéis para
toda buena obra.*
2 Corintios 9.8

Jesús es el pan que nunca se echa a perder, el agua que siempre permanece pura.

• • • • ✤ • • • •

Jesús les dijo: Yo soy el pan de vida; el que a mí viene, nunca tendrá hambre; y el que en mí cree, no tendrá sed jamás.

JUAN 6.35

*D*ios contesta cada pregunta que le hagas.
Con Su poder y autoridad, suple todas tus
necesidades.

· · · · · ❧ · · · ·

Los que esperan a Jehová tendrán nuevas fuerzas; levantarán alas como
las águilas; correrán, y no se cansarán; caminarán, y no se fatigarán.
ISAÍAS 40.31

No te olvides, madre, que las preocupaciones destruyen la paz. La fe reconstruye todas las cosas.

· · · · ❧ · · · ·

La paz os dejo, mi paz os doy; yo no os la doy como el mundo la da. No se turbe vuestro corazón, ni tenga miedo.
JUAN 14.27

$\mathcal{D}$ios reúne los remanentes de la vida de una madre y construye una obra adornada de dignidad y propósito.

• • • • ❦ • • • •

El que comenzó en vosotros la buena obra, la perfeccionará hasta el día de Jesucristo.
FILIPENSES 1.6

*A*ntes que enfrentes los desafíos del día, madre, toma en cuenta a Dios. Él te ayudará a vencerlos.

· · · · · ❧ · · · ·

El que habita al abrigo del Altísimo
morará bajo la sombra del Omnipotente.
Diré yo a Jehová: Esperanza mía, y castillo mío;
mi Dios, en quien confiaré.
SALMO 91. 1-2

*M*antenerse en forma es bueno, pero el ejercicio del alma requiere mucho más disciplina que el ejercicio corporal. Escoge bien al entrenador de tu espíritu.

· · · · · ❧ · · · ·

No temas, porque yo estoy contigo; no desmayes, porque yo soy tu Dios que te esfuerzo; siempre te ayudaré, siempre te sustentaré con la diestra de mi justicia.
ISAÍAS 41.10

*E*l cielo nunca se desploma no importa cuánto llueva. El amor de Dios por ti, madre, nunca falla, no importa cuánto sufras.

· · · · · ✖ · · · ·

Esforzaos y cobrad ánimo; no temáis, ni tengáis miedo de ellos, porque Jehová tu Dios es el que va contigo; no te dejará, ni te desamparará.

Deuteronomio 31.6

$\mathscr{H}$abla palabras cordiales y escucharás ecos cordiales. Gracias por los ecos cordiales, mamá.

• • • • ❧ • • • •

Panal de miel son los dichos suaves; suavidad al alma y medicina para los huesos.
PROVERBIOS 16.24

*M*adre, cuando sientas que tu vida se ha convertido en un silencioso capullo, cobra ánimo. Dentro de poco saldrás de esa condición y te convertirás en una hermosa persona para Dios.

• • • • ❧ • • • •

Sáname, oh Jehová, y seré sano; sálvame, y seré salvo;
porque tú eres mi alabanza.
JEREMÍAS 17.14

Mi madre siempre decía: «Un regalo no es un regalo a no ser que lo des de corazón»

· · · · ❦ · · · ·

Dad, y se os dará; medida buena, apretada, remecida y rebosando darán en vuestro regazo; porque con la misma medida con que medís, os volverán a medir.
LUCAS 6.38

$\mathcal{B}$usca el rostro de Dios tanto en el invierno de desencanto como en el verano de gozo. Él es el Dios de todas las estaciones.

· · · · ∝ · · · ·

Todo tiene su tiempo, y todo lo que se quiere debajo del cielo tiene su hora.
ECLESIASTÉS 3.1

$\mathcal{U}$n prisma carece de vida en la oscuridad;
solo resplandecerá en la plenitud de la luz del
sol. Mantén tu fe en la luz y observa
cómo resplandece.

* * * * ❧ * * *

*Deléitate asimismo en Jehová, y él te concederá
las peticiones de tu corazón.*
SALMO 37.4

Madre, si te aclocas en los problemas, incubarás desesperación. Ponlos en las manos de Dios y tu victoria será segura.

· · · · ❧ · · · ·

Fíate de Jehová de todo tu corazón, y no te apoyes en tu propia prudencia.
Reconócelo en todos tus caminos, y él enderezará tus veredas.
PROVERBIOS 3.5-6

El lema de una madre:

Mejor es desgastarse haciendo lo bueno, que

enmohecerse haciendo poco o nada.

• • • • ❧ • • •

Te haré entender, y te enseñaré el camino en que debes andar;
sobre ti fijaré mis ojos.
SALMO 32.8

$\mathscr{S}$in un cimiento, aun los castillos son poco más que montones de piedras. La estabilidad y la estructura preceden a la elegancia y la belleza.

· · · · · ❧ · · · ·

Fiel es el Señor, que os afirmará y guardará del mal.
2 TESALONICENSES 3.3

El amor es su propia recompensa; el odio, su propio castigo. La mejor manera de eliminar a tu enemigo es hacerlo tu amigo.

· · · · ❧ · · · ·

Habiendo purificado vuestras almas por la obediencia a la verdad, mediante el Espíritu, para el amor fraternal no fingido, amaos unos a otros entrañablemente, de corazón puro.
1 PEDRO 1.22

$\mathcal{U}$na nota en la puerta de la nevera de mi madre: Dios quiere ser más que un número telefónico de emergencia. Llámalo siempre... no solo en los momentos de crisis.

• • • • ❦ • • • •

Me invocará, y yo le responderé; con él estaré yo en la angustia;
lo libraré y le glorificaré.
Salmo 91.15

*A*un puedo escuchar las palabras de sabiduría de mi madre. «Puedes correr, pero no te puedes esconder. El amor inagotable de Dios te buscará y te encontrará».

· · · · ❧ · · · ·

Dios misericordioso es Jehová tu Dios; no te dejará, ni te destruirá, ni se olvidará del pacto que les juró a tus padres.
DEUTERONOMIO 4.31

*M*ientras más te arrodillas, más firme permaneces. Lleva tus preocupaciones a Dios, madre. Él espera pacientemente para suplir cada una de tus necesidades.

· · · · ❧ · · · ·

Echa sobre Jehová tu carga, y él te sustentará;
no dejará para siempre caído al justo.
SALMO 55.22

Antes de alcanzar la rosa tienes que pasar por las espinas. Por lo tanto, cuando te des un pinchazo, recuerda: andas por sendas de fragancia y belleza.

· · · · ❧ · · · ·

Sabemos que a los que aman a Dios, todas las cosas les ayudan a bien, esto es, a los que conforme a su propósito son llamados.
ROMANOS 8.28

Madres, enseñen a sus hijos a apresurarse a defender lo que creen y a vacilar ante la tentación.

• • • • ❧ • • • •

Somos hechos participantes de Cristo, con tal que retengamos firme hasta el fin nuestra confianza del principio.
HEBREOS 3.14

$\mathcal{U}$n polluelo recién nacido no sabe que está vivo hasta que su mundo empiece a desmoronarse. Lo que parece ser el desplome de tu universo, puede que sea un comienzo emocionante.

• • • • ❧ • • • •

Es, pues, la fe la certeza de lo que se espera,
la convicción de lo que no se ve.
HEBREOS 11.1

$\mathcal{P}$uede que las riquezas del insensato te
atraigan, pero las riquezas de Dios —la verdad,
la misericordia y el amor— cautivarán
tu corazón.

· · · · ❧ · · · ·

Sin fe es imposible agradar a Dios; porque es necesario que el que se
acerca a Dios crea que le hay, y que es galardonador de los que le buscan.
HEBREOS 11.6

$\mathcal{U}$na verdad que mi madre siempre me enseñó: El aceite de la cortesía siempre suaviza cualquier fricción. Cuando no estés seguro si disculparte o no, discúlpate. El acto más insignificante de cortesía puede salvar una amistad.

• • • • ❧ • • • •

Amados, amémonos unos a otros; porque el amor es de Dios. Todo aquel que ama, es nacido de Dios, y conoce a Dios.
El que no ama, no ha conocido a Dios; porque Dios es amor.
1 Juan 4.7-8

*I*ncluso las madres a veces necesitan colorear los trazos de la vida para añadir matices adicionales de belleza. Vive una vida creativa y de gozo con Dios.

· · · · ❧ · · · ·

Permaneced en mí, y yo en vosotros. Como el pámpano no puede llevar fruto por sí mismo, si no permanece en la vid, así tampoco vosotros, si no permanecéis en mí.
JUAN 15.4

$\mathscr{S}$i permaneces envuelta en tus circunstancias, puede que descubras que eres un paquete muy ínfimo. Entrégate a Dios, y permite que Su amor haga de ti todo lo que Él intentó hacer cuando te creó.

• • • • ❧ • • •

Un mandamiento nuevo os doy: Que os améis unos a otros;
como yo os he amado, que también os améis unos a otros.
En esto conocerán todos que sois mis discípulos,
si tuviereis amor los unos con los otros.
JUAN 13.34-35

La eternidad es un tiempo corto para pasar con Dios, y un destino eterno de dolor y desesperación sin Él.

· · · · ❧ · · · ·

Le dijo Jesús: Yo soy la resurrección y la vida; el que cree en mí, aunque esté muerto, vivirá. Y todo aquel que vive y cree en mí, no morirá eternamente. ¿Crees esto?
JUAN 11.25-26

$\mathcal{C}$omo una madre que tararea una canción de cuna, Dios le canta a Sus hijos. Escucha las canciones de Dios cuando anochece. De seguro que te harán dormir y descansar.

* * * * * & * * * *

Mis ovejas oyen mi voz, y yo las conozco, y me siguen,
y yo les doy vida eterna; y no perecerán jamás,
ni nadie las arrebatará de mi mano.
JUAN 10.27-28

*A*lgunas personas esperan que el coche fúnebre los lleve a la iglesia. ¡Cuando llegue ese momento ya será demasiado tarde!

· · · · · ❧ · · · ·

Me es necesario hacer las obras del que me envió, entre tanto que el día dura; la noche viene, cuando nadie puede trabajar.
JUAN 9.4

*R*ecuerda, madre, que la preocupación hace que las toperas parezcan montañas. Dios convierte las montañas en toperas.

• • • • ❧ • • • •

Grande es Jehová, y digno de ser en gran manera alabado, en la ciudad de nuestro Dios, en su monte santo.
SALMO 48.1

*D*ios toca tu puerta, madre, pero Él nunca
derriba tu puerta. Escucha Su toque apacible.
Acéptale como amigo.

· · · · · ❧ · · · ·

Yo estoy a la puerta y llamo; si alguno oye mi voz y abre la puerta, entraré
a él, y cenaré con él, y él conmigo.
APOCALIPSIS 3.20

El viaje que conduce a Dios comienza con un pequeño paso. Después de eso se da un paso a la vez. Él no espera que corramos la milla, pero promete fortalecernos para vivir cada día para Él.

• • • • ✵ • • • •

Escuchad mi voz, y seré a vosotros por Dios, y vosotros me seréis por pueblo; y andad en todo camino que os mande, para que os vaya bien.
JEREMÍAS 7.23

$\mathscr{A}$lgunas personas solamente saben cómo ganarse la vida. Con Dios como Padre, puedes aprender a labrarte una vida.

· · · · ❧ · · · ·

Si me amáis, guardad mis mandamientos.
El que tiene mis mandamientos, y los guarda, ése es el que me ama…
JUAN 14.15; 21(A)

*M*adre, siempre dijiste: «Nunca juzgues un libro por su portada». De igual forma, nunca sabrás lo que Dios quiere ofrecerte hasta que no le abras tu corazón.

• • • • ❧ • • • •

Sol y escudo es Jehová Dios; Gracia y gloria dará Jehová. No quitará el bien a los que andan en integridad.

SALMO 84.11

*I*ncluso la abeja se dedica con tesón a fabricar
miel para saborearla. Madre, ¿por qué no
dedicas tiempo el día de hoy a disfrutar
a tu Padre celestial?

• • • • ❧ • • • •

El que me halle, hallará la vida, y alcanzará el favor de Jehová.
PROVERBIOS 8.35

Algunos cristianos andan descalzos; otros, con zapatos costosos. En realidad, no son los zapatos en los pies lo que es importante, sino los pies en los zapatos. Madre, tienes pies hermosos.

• • • • ❧ • • • •

Dios ha colocado los miembros cada uno de ellos en el cuerpo, como él quiso.
1 CORINTIOS 12.18

Dios no nos reprende por pedirle demasiado;
nos reprende por pedirle muy poco.

· · · · · ❧ · · · ·

Si vosotros, siendo malos, sabéis dar buenas dádivas a vuestros hijos,
¿cuánto más vuestro Padre celestial dará el Espíritu Santo
a los que se lo pidan?
Lucas 11.13

$\mathcal{U}$na nota en la nevera de mamá: Dios promete darnos el pan de cada día. No nos garantiza que estará untado de mantequilla.

• • • • ❧ • • • •

Yo estoy contigo, y te guardaré por dondequiera que fueres, y volveré a traerte a esta tierra; porque no te dejaré hasta que haya hecho lo que te he dicho.
GÉNESIS 28.15

*M*adre, un espejo y una ventana están hechos de cristal. Uno te muestra tu imagen, el otro te muestra el mundo. Deja que Dios te de Su perspectiva en cuanto a la diferencia.

· · · · ❧ · · · ·

Ahora vemos por espejo, oscuramente; mas entonces veremos
cara a cara . . . y ahora permanecen la fe, la esperanza
y el amor . . . pero el mayor de ellos es el amor.
1 Corintios 13.12,13

*U*na inundación comienza con una gota de lluvia. Un hábito pecaminoso comienza con un acto pecaminoso. Escoge bien tus hábitos. Ellos te harán poderoso o se convertirán en tu prisión.

• • • • • ❧ • • • •

No os ha sobrevenido ninguna tentación que no sea humana; pero fiel es Dios, que no os dejará ser tentados más de lo que podéis resistir, sino que dará también juntamente con la tentación la salida, para que podáis soportar.
1 CORINTIOS 10.13

Hay más poder en una mano abierta que en un puño cerrado. Gracias por tu mano abierta de amor y bondad.

• • • • ❧ • • • •

Os rogamos, hermanos, que reconozcáis a los que trabajan
entre vosotros, y os presiden en el Señor, y os amonestan;
y que los tengáis en mucha estima y amor por causa de su obra.
Tened paz entre vosotros.
1 Tesalonicenses 5.12-13

Cien voces pueden producir una hermosa melodía o un fastidioso desentono. Todo depende de la manera que siguen las instrucciones.

. . . . ❧ . . . .

¡Mirad cuán bueno y cuán delicioso es habitar
los hermanos juntos en armonía!
SALMO 133.1

Mamá siempre decía que la mejor vida es la que se vive con la actitud de siempre mejorar.

• • • • ❧ • • • •

Poderoso es Dios para hacer que abunde en vosotros toda gracia, a fin de que, teniendo siempre en todas las cosas todo lo suficiente, abundéis para toda buena obra.
2 Corintios 9.8

Oímos a Dios cuando le escuchamos más a menudo. Ora sin cesar. Alaba al Padre en cada momento.

· · · · ❧ · · · ·

*Vendrán sobre ti todas estas bendiciones, y te alcanzarán,
si oyeres la voz de Jehová tu Dios.*
DEUTERONOMIO 28.2

*M*adre, puedes conocer tu corazón según lo que le plazca a tu espíritu. Ojalá que sea obedecer a Dios, quien es el origen de todo bien.

• • • • ∂ • • •

Si oyeren, y le sirvieren, acabarán sus días en bienestar, y sus años en dicha.
JOB 36.11

$\mathcal{U}$no de los lemas favoritos de mi madre: «Satanás no se conforma con un mordisco de tu alma. Quiere devorarla por completo. Cuidado con sus tácticas».

• • • • ❧ • • • •

Sed sobrios, y velad; porque vuestro adversario el diablo, como león rugiente, anda alrededor buscando a quien devorar.
1 PEDRO 5.8

*U*na nota de una madre: Si crees que no tienes fallas, te aseguro que tienes por lo menos una. El orgullo es el gancho del diablo y sabe usarlo bien.

• • • • • ❦ • • • •

Someteos, pues, a Dios; resistid al diablo, y huirá de vosotros.
SANTIAGO 4.7

¿*No* es fantástico saber que en el cielo no hay arrendadores? Dios o da el título de propiedad absoluta o no da nada.

· · · · · ❧ · · · ·

En la casa de mi Padre muchas moradas hay; si así no fuera, yo os lo hubiera dicho; voy, pues, a preparar lugar para vosotros.
Y si me fuere y os preparare lugar, vendré otra vez, y os tomaré a mí mismo, para que donde yo estoy, vosotros también estéis.
JUAN 14.2-3

El diablo logra algunos discípulos en sus lechos de muerte.

. . . . ❧ . . . .

La paga del pecado es muerte, mas la dádiva de Dios es vida eterna en Cristo Jesús Señor nuestro.
ROMANOS 6.23

La mayoría de personas han escuchado
«no» toda la vida. Qué privilegio es decirles
«sí» en el nombre de Jesús.

· · · · · ❧ · · · ·

No envió Dios a su Hijo al mundo para condenar al mundo, sino para que
el mundo sea salvo por él.
JUAN 3.17

$\mathcal{S}$i tu maternidad radica en tus propios esfuerzos, tu fundamento está débilmente instalado. Permite que Dios refuerce tu estructura por medio de Su sabiduría y poder.

• • • • ❧ • • • •

Encomienda a Jehová tus obras, y tus pensamientos serán afirmados.
PROVERBIOS 16.3

Un tazón de sopa que se toma con la bendición de Dios satisface más que un banquete sin contar con ella. Las comidas contigo, madre, son un banquete.

· · · · ❧ · · · ·

Joven fui, y he envejecido, y no he visto justo desamparado, ni su descendencia que mendigue pan.
SALMO 37.25

Mi madre siempre decía:

«El secreto de la satisfacción no radica en poseer muchas cosas, sino en querer pocas».

• • • • ❧ • • • •

Jehová te pastoreará siempre, y en las sequías saciará tu alma, y dará vigor a tus huesos; y serás como huerto de riego, y como manantial de aguas, cuyas aguas nunca faltan.

Isaías 58.11

*A*lgunas personas, cuando se les cierra la puerta, solamente ven un impedimento. ¿Por qué no tocar a la puerta y creer la promesa de Dios de que la misma se abrirá y te dará acceso al amor y la esperanza?

· · · · · ❧ · · · ·

Pedid, y se os dará; buscad, y hallaréis; llamad, y se os abrirá.
Porque todo aquel que pide, recibe; y el que busca,
halla; y al que llama, se le abrirá.
MATEO 7.7-8

*N*unca olvides, madre, que Dios te conoce, te ama y te reconoce aunque no tengas tarjeta de identidad.

· · · · ❧ · · · ·

Señor, digno eres de recibir la gloria y la honra y el poder; porque tú creaste todas las cosas, y por tu voluntad existen y fueron creadas.
APOCALIPSIS 4.11

*U*na nota de mi madre:

Dios promete suplir al necesitado, no al avaro.

· · · · · ❧ · · · ·

Acerquémonos, pues, confiadamente al trono de la gracia, para alcanzar misericordia y hallar gracia para el oportuno socorro.
HEBREOS 4.16

Para vivir una buena vida, necesitas ser una buena persona. Para vivir una vida maravillosa necesitas servir a un Dios maravilloso. ¡Madre, tu vida ha sido buena y maravillosa!

• • • • ❧ • • • •

Clama a mí, y yo te responderé, y te enseñaré cosas grandes y ocultas que tú no conoces.
JEREMÍAS 33.3

El secreto para ser un cristiano generoso en público es ser un discípulo comprometido en secreto. Madre, has sido generosa tanto en público como en secreto.

. . . . ❧ . . . .

Cuando ores, entra en tu aposento, y cerrada la puerta, ora a tu Padre que está en secreto; y tu Padre que ve en lo secreto te recompensará en público.
MATEO 6.6

Mamá siempre decía que cuando no eres firme en tu convicción, eres proclive a aceptar lo que sea. Nos enseñó a permanecer firmes en el conocimiento del amor de Dios.

. . . . ❧ . . . .

El Señor no retarda su promesa, según algunos la tienen por tardanza, sino que es paciente para con nosotros, no queriendo que ninguno perezca, sino que todos procedan al arrepentimiento.
2 PEDRO 3.9

$\mathcal{C}$uando recibes la paga del pecado, no te han pagado lo justo. El diablo es un patrón tramposo que promete mucho y da poco.

. . . . ❧ . . . .

¿Quién hay entre vosotros que teme a Jehová, y oye la voz de su siervo?
El que anda en tinieblas y carece de luz, confíe en
el nombre de Jehová, y apóyese en su Dios.
ISAÍAS 50.10

Algunas personas prefieren un dios títere que puedan manipular a su antojo. Sabrás que Dios es real cuando te des cuenta que nunca te dejará ni te desamparará. Él es tu luz eterna.

* * * * ❧ * * * *

Él dijo: No te desampararé, ni te dejaré.
HEBREOS 13.5

*U*na nota en la nevera de mamá:
*U*na gotera sin reparar puede hundir un
barco, un enojo irresuelto puede destruir una
amistad. Repara la gotera.

. . . . . ❧ . . . .

*Quítense de vosotros toda amargura, enojo, ira, gritería y maledicencia,
y toda malicia. Antes sed benignos unos con otros,
misericordiosos, perdonándoos unos a otros, como Dios
también os perdonó a vosotros en Cristo.*
EFESIOS 4.31-32

Madre, sin el consuelo y la misericordia de Dios, estarás perdida en medio del mar, insegura de hacia dónde dirigirte y con poca esperanza de llegar al puerto.

· · · · ❧ · · · ·

Jehová está en medio de ti, poderoso, él salvará; se gozará sobre ti con alegría, callará de amor, se regocijará sobre ti con cánticos.
SOFONÍAS 3.17

Aun la tortuga debe sacar el cuello de su caparazón si desea caminar. Dios te mostrará la ruta que debes seguir en tu viaje, pero los detalles específicos del viaje dependen de ti. Gracias por animarme a salir de mi caparazón, mamá.

• • • • ✁ • • •

Así ha dicho Jehová, Redentor tuyo, el Santo de Israel: Yo soy Jehová Dios tuyo, que te enseña provechosamente, que te encamina por el camino que debes seguir.
ISAÍAS 48.17

Algunas personas usan la iglesia como se usa una nevera: para preservarse en la condición en que están. Dios quiere que la iglesia sea más bien como una tostadora que nos caliente y nos lance a servir.

Así alumbre vuestra luz delante de los hombres, para que vean vuestras buenas obras, y glorifiquen a vuestro Padre que está en los cielos.

MATEO 5.16

*L*os caramelos vienen de todos
los colores y sabores… como las madres.
¡Cada una tenemos un sabor diferente
porque Dios nos hizo así!

• • • • ❧ • • • •

Amados, si Dios nos ha amado así, debemos también nosotros
amarnos unos a otros.
1 JUAN 4.11

*G*racias por enseñarnos, madre, que Dios
nunca hace convenios. Esa es la táctica del
diablo. ¡Si lo que Satanás promete parece
ser demasiado bueno, puedes tener
la certeza de que es así!

· · · · ❧ · · · ·

Estoy seguro de que ni la muerte, ni la vida, ni ángeles, ni principados, ni
potestades, ni lo presente, ni lo por venir, ni lo alto, ni lo profundo, ni
ninguna otra cosa creada nos podrá separar del amor de Dios, que es en
Cristo Jesús Señor nuestro.
ROMANOS 8.38-39

María dio a luz a un rey, pero no se quejó de que nadie hiciera reservación para ella en el mesón. Servir a Dios implica servirle sin reservas, sin importar las circunstancias.

. . . . . ❦ . . . .

Llamando a la gente y a sus discípulos, les dijo: Si alguno quiere venir en pos de mí, niéguese a sí mismo, y tome su cruz, y sígame.
MARCOS 8.34

El sueño es una manera de Dios decir: «Confía en mí». Deposita en Él tu confianza hoy. Él no te decepcionará, madre, ya sea que estés despierta o dormida.

· · · · · ❧ · · · ·

En paz me acostaré, y asimismo dormiré; Porque solo tú, Jehová, me haces vivir confiado.
SALMO 4.8

*L*a flor debe morir para que la semilla se esparza. La vida que da la apariencia de perfección por lo general tiene pocas semillas.

· · · · ❧ · · · ·

Si el grano de trigo no cae en la tierra y muere, queda solo; pero si muere, lleva mucho fruto. El que ama su vida, la perderá; y el que aborrece su vida en este mundo, para vida eterna la guardará.
JUAN 12.24-25

En algún momento particular de la historia divina, Dios esculpió sus leyes en tablas de piedra. Hoy las esculpe en lo más recóndito de nuestros corazones.

· · · · · ❧ · · · ·

En mi corazón he guardado tus dichos, Para no pecar contra ti.
SALMO 119.11

*N*unca te olvides de sumergirte en la santa Palabra de Dios, mamá. Él hará de tu vida algo maravilloso.

· · · · · ❧ · · · ·

El consejo de Jehová permanecerá para siempre; los pensamientos de su corazón por todas las generaciones.
SALMO 33.11

*L*as madres son como las flores. Algunas crecen mejor en el sol; otras, en la sombra. Dios nos planta donde crecemos mejor.

· · · · ❧ · · · ·

Alégrense todos los que en ti confían; den voces de júbilo para siempre, porque tú los defiendes; en ti se regocijen los que aman tu nombre.
SALMO 5.11

*D*ios tiene favoritismo… con todos. Su corazón es suficientemente grande para amarte más de lo que te amarías a ti mismo.

· · · · · ❧ · · · ·

Nosotros le amamos a él, porque él nos amó primero.
1 JUAN 4.19

$\mathcal{E}$res uno de los riesgos mayores de Dios. Él pagó muy caro por ti, sin garantía, sin derecho a devolución. Sin embargo, te ama y nunca te dejará ni desamparará.

· · · · · ❧ · · · · ·

Jehová no desamparará a su pueblo, por su grande nombre; porque Jehová ha querido haceros pueblo suyo.
1 SAMUEL 12.22

107

Mi madre siempre decía que si descubres que estás llena de egoísmo, estás vacía. Cuando reconoces que estás vacía, entonces estás llena.

. . . . ∝ . . . .

Igualmente, jóvenes, estad sujetos a los ancianos; y todos, sumisos unos a otros, revestíos de humildad; porque: Dios resiste a los soberbios, y da gracia a los humildes.
1 PEDRO 5.5

*E*n vano aparentas ser una madre piadosa delante de todo el mundo si no eres afable y amorosa en tu hogar.

· · · · ❧ · · · ·

Mejor es el que tarda en airarse que el fuerte; y el que se enseñorea de su espíritu, que el que toma una ciudad.
PROVERBIOS 16.32

El guardar rencor causa amargura y dolor.
No te hace sentir mejor. Pídele a Dios que
te ayude a controlar tu espíritu;
y cuando enfrentes con la verdad al
que te hiera, hazlo con amor.

• • • • ❧ • • • •

Airaos, pero no pequéis; no se ponga el sol sobre vuestro enojo.
EFESIOS 4.26

*U*na nota de mi madre:
Aun la estampilla es víctima de la lengua
antes de llegar a su destino. Nunca, nunca,
nunca te des por vencida, Dios está de tu parte.

• • • • ⚘ • • • •

En Dios he confiado; no temeré; ¿qué puede hacerme el hombre?
SALMO 56.11

*Q*uienes ocultan sus enfermedades no esperan curarse. Busca el consejo de Dios ante los desafíos de ser madre.

• • • • ❧ • • • •

Porque un momento será su ira, pero su favor dura toda la vida. Por la noche durará el lloro, y a la mañana vendrá la alegría.
SALMO 30.5

Un pez muerto flota sin dificultad río abajo,
pero el que está vivo nada contra la corriente.
Dios espera que nademos río arriba.

· · · · ❧ · · ·

Esforzaos todos vosotros los que esperáis en Jehová,
y tome aliento vuestro corazón.
Salmo 31.24

Cuando te preocupes por tus hijos, recuerda:
La preocupación es como una mecedora. Puede
que sientas que estés logrando algo, pero la
verdad es que no te llevará a ningún lado.

• • • • ❧ • • • •

Bueno es esperar en silencio la salvación de Jehová.
LAMENTACIONES 3.26

$\mathcal{L}$as únicas personas a quienes debiéramos tratar de retribuir por sus acciones son las que nos han hecho bien. Nunca podría retribuirte por tus acciones, madre. Has sido demasiado buena conmigo.

· · · · ❧ · · · ·

Mejor es el fin del negocio que su principio; mejor es el sufrido de espíritu que el altivo de espíritu. No te apresures en tu espíritu a enojarte; porque el enojo reposa en el seno de los necios.
ECLESIASTÉS 7.8-9

$\mathscr{S}$i Dios nos diera evidencia irrebatible de su existencia, no necesitaríamos la fe. La fe es la esencia de todo lo que no podemos ver.

· · · · ❧ · · · ·

La prueba de vuestra fe produce paciencia.
Mas tenga la paciencia su obra completa, para que seáis perfectos
y cabales, sin que os falte cosa alguna.
SANTIAGO 1.3-4

*I*ncluso para las madres, el «si» condicional es la palabra más profunda en castellano. Revela la pequeñez de nuestra fe y la profundidad de nuestros deseos.

· · · · · ❧ · · · ·

Jesús le dijo: Si puedes creer, al que cree todo le es posible.
Marcos 9.23

Cual músculo, la fe debe ejercitarse para que sea fuerte. Esa es la razón de todas las dificultades de tu vida.

• • • • ∝ • • • •

Todo lo que es nacido de Dios vence al mundo; y esta es la victoria que ha vencido al mundo, nuestra fe.
1 JUAN 5.4

El perfumar a una cerda no hace que se vuelva dama. ¿Para qué cambiar tu imagen a no ser que primero cambies tu vida?

· · · · ❧ · · · ·

El que oye mi palabra, y cree al que me envió, tiene vida eterna; y no vendrá a condenación, mas ha pasado de muerte a vida.
JUAN 5.24

*E*s más útil ejercitar la espina dorsal que la quijada. En tu vida cristiana, ojalá que tu andar sea consecuente con lo que hables.

· · · · ❧ · · · ·

Conoce Jehová los días de los perfectos, y la heredad de ellos será para siempre.
SALMO 37.18

$\mathcal{S}$i el camino que recorres está muy descuidado, verifica que sabes hacia dónde te diriges. A Satanás le encanta sustituir las señales del tránsito.

• • • • ❧ • • • •

En pos de Jehová vuestro Dios andaréis; a él temeréis, guardaréis sus mandamientos y escucharéis su voz, a él serviréis, y a él seguiréis.
DEUTERONOMIO 13.4

*L*as pruebas de Dios son regularmente verdaderas o falsas, no de selección múltiple.

• • • • ❧ • • • •

Jesús le dijo: Vete, Satanás, porque escrito está: Al Señor tu Dios adorarás, y a él solo servirás.

MATEO 4.10

$\mathcal{C}$uando enseñes a tus hijos adolescentes a conducir, también enséñales que el camino a la perdición tiene muchos desvíos y pocas señales de retroceso.

· · · · · ❧ · · · ·

Sabe el Señor librar de tentación a los piadosos.
2 PEDRO 2.9

Solo la palabra de Dios termina con un
«felices para siempre», pero con Dios ahí no
termina la historia.

· · · · ❧ · · · ·

Y este es el testimonio: que Dios nos ha dado vida eterna;
y esta vida está en su Hijo.
1 Juan 5.11

$\mathcal{N}$adie puede cimentar su seguridad en personas o cosas. El verdadero poder se deriva de la confianza en Dios.

· · · · ❧ · · · ·

Todo lo puedo en Cristo que me fortalece.
FILIPENSES 4.13

Un consejo que me dio mi madre:
Si tratas con el diablo, cerciórate de leer todo el
contrato, sobre todo las cláusulas con las letras
muy pequeñas. El depósito inicial del pecado
puede que sea poco, pero tendrás que continuar
pagando las facturas por toda la eternidad.

· · · · · ❧ · · · · ·

Bienaventurado el varón que soporta la tentación; porque cuando haya
resistido la prueba, recibirá la corona de vida, que Dios ha prometido a
los que le aman.
SANTIAGO 1.12

126

$\mathcal{R}$ecuerda, madre, que nunca viajas sola en la ruta que conduce al cielo. Dios y Su pueblo son tus constantes compañeros de viaje.

· · · · ❧ · · ·

Tened gozo, perfeccionaos, consolaos, sed de un mismo sentir, y vivid en paz; y el Dios de paz y de amor estará con vosotros.
2 CORINTIOS 13.11

El diablo es un buen vendedor, pero un terrible compañero de viaje. Es una alimaña fastidiosa que nunca paga la parte del viaje que le corresponde.

· · · · · ∝ · · · ·

Paraos en los caminos, y mirad, y preguntad por las sendas antiguas, cuál sea el buen camino, y andad por él, y hallaréis descanso para vuestra alma.
JEREMÍAS 6.16

La fe nunca se califica con una curva.

O apruebas el examen o lo repruebas.

Aumenta tu fe.

· · · · · ❧ · · · ·

Tampoco dudó, por incredulidad, de la promesa de Dios, sino que se fortaleció en fe, dando gloria a Dios, plenamente convencido de que era también poderoso para hacer todo lo que había prometido.

ROMANOS 4.20-21

$\mathcal{L}$a esperanza consiste en asirse de la mano de Dios en medio de la neblina de la vida y permitirle conducirte. Él te ayudará a ser la madre que deseas ser.

. . . . ❧ . . .

En cuanto a Dios, perfecto es su camino, y acrisolada la palabra de Jehová; escudo es a todos los que en él esperan.
SALMO 18.30

Mamá siempre nos enseñó que a veces Dios calma la tormenta… y a veces nos calma en medio de la tormenta.

. . . . ❧ . . .

No se ha acortado la mano de Jehová para salvar,
ni se ha agravado su oído para oír.
ISAÍAS 59.1

$\mathcal{L}$a fórmula para ser una madre piadosa es simple: no puedes hacer la obra de Dios, y Él no hará la tuya.

* * * * ❧ * * *

Cuando pases por las aguas, yo estaré contigo; y si por los ríos, no te anegarán. Cuando pases por el fuego, no te quemarás, ni la llama arderá en ti.
Isaías 43.2

O sirves a Dios o a Satanás. No hay cristianos «a medias» ni en esta vida ni en la venidera.

. . . . ❧ . . .

Jehová es bueno, fortaleza en el día de la angustia;
y conoce a los que en él confían.
NAHUM 1.7

$\mathcal{D}$ios ha mostrado su imagen en el estrato de la tierra. Mira una montaña, y verás Su poder. Contempla una flor, y captarás Su ternura.

• • • • • ⚭ • • • •

Alzaré mis ojos a los montes; ¿de dónde vendrá mi socorro?
SALMO 121.1

*A*unque los murciélagos aman la oscuridad, la mayoría de las criaturas de Dios necesitan luz para crecer y desarrollarse. Como madres cristianas, necesitamos buscar la luz de Dios.

• • • • ❧ • • • •

Así alumbre vuestra luz delante de los hombres, para que vean vuestras buenas obras, y glorifiquen a vuestro Padre que está en los cielos.
MATEO 5.16

*I*ncluso el humilde mosquito
necesita trabajar con tesón
antes de recibir un manotazo.

. . . . ❧ . . . .

Cada uno someta a prueba su propia obra, y entonces tendrá motivo de
gloriarse sólo respecto de sí mismo, y no en otro;
porque cada uno llevará su propia carga.
GÁLATAS 6.4-5